AF620651

ESSAI
SUR L'ADMISSION
DES
NAVIRES NEUTRES
DANS NOS COLONIES.

BIBLIOTHEQUE ROYALE

LA France se reposoit sur la foi des traités, sur l'exemple frappant de modération que son Monarque avoit donné à l'Europe, en n'apportant au sein des conquêtes d'autre intérêt que celui de ses alliés, & d'autres vûes que le repos des Nations. Une réforme considérable dans nos armées de terre avoit rendu au Labourage & aux Manufactures une partie de nos soldats. Le Commerce commençoit à réparer avantageusement les pertes qu'un trop long oubli des forces maritimes

A

9

l'avoit mis dans le cas de supporter. Les vûes du Gouvernement sembloient entierement tournées vers les moyens paisibles de perfectionner son administration intérieure, vers cette politique bienfaisante & du droit naturel de tous les peuples, qui veille sans cesse à occuper les hommes, à rendre leur situation plus heureuse. La Marine, sans laquelle aucun système économique ne peut avoir de consistance dans un Etat qui a des côtes, des ports, & des colonies, commençoit à se relever. Mais l'acquittement de dettes pressantes contractées pendant la derniere guerre, & la crainte de partager trop tôt avec les peuples les fruits de la paix & de l'abondance, retardoient la marche de ce projet.

Une nation violente & injuste s'est sentie blessée de nos prospérités, parce que la ſienne lui échappoit chaque jour; des paroles de candeur & d'amitié couvroient la trame de ſes complots ſecrets: en pleine paix des fortereſſes ennemies ſe trouvent élevées ſur les terres de nos colonies; pour les ſoûtenir, une armée paroît vouloir pénétrer dans le centre de nos habitations; les mers ſont couvertes de pirates.

Parmi les traits odieux dont les faſtes de l'humanité n'ont que trop à rougir, celui-ci ſeroit encore inconnu aux nations policées, ſi les Anglois n'avoient été admis dans leur nombre. Mais quoique la France eût déjà éprouvé deux fois que leur politique ne s'eſt point encore ſoumiſe aux maximes du droit des gens, les circonſtances dont cet évenement-ci eſt accompagné l'ont rendu plus éclatant, en même tems que l'influence actuelle & néceſſaire des affaires maritimes ſur la fortune de notre Etat, en ont rendu les ſuites plus conſidérables. Nous recevons d'eux un ſervice ſignalé, ſi enfin nous établiſſons à jamais pour maximes d'Etat, que notre conſervation eſt attachée à celle de notre Marine; & que, même en ſignant des traités, l'Angleterre jure dans ſon cœur de nous haïr toûjours.

Cette révolution imprévûe nous a fait connoître une de ces ſituations nouvelles où l'on chercheroit en vain des expédiens dans les principes ordinaires. En effet, les principes ont été établis ſur ce qui réſulte néceſſairement de la nature des choſes: mais dès que les affaires ſortent de leur cours ordinaire & naturel, les maximes ſont contredites par les faits auxquels il devient néceſſaire de les ſubordonner.

Alors la ressource du génie consiste uniquement à trouver des moyens propres à concilier la loi qu'impose une nécessité passagere, avec la facilité d'un prompt retour vers les principes ordinaires. Il est presque impossible que ces sortes de positions violentes produisent des opérations bonnes en elles-mêmes ; mais la moins mauvaise est toûjours la meilleure, comme le plus mauvais parti est moins dangereux que l'inaction.

C'est sans doute dans ces vûes qu'il a été proposé d'admettre, sur des permissions momentanées, les vaisseaux neutres dans nos Colonies. Cette question, qui doit être regardée comme une affaire d'Etat, semble partager les opinions ; & par malheur, dans des cas semblables, beaucoup d'opinions fondées sur des intérêts particuliers, trouvent dans l'apparence des choses assez de raisons spécieuses pour séduire ceux qui ne peuvent ou ne veulent pas y porter un examen plus pénible.

Un citoyen d'autant plus assuré de la pureté de ses intentions, que sa façon de penser dans cette affaire est opposée à son intérêt personnel, se croit en droit de proposer ses réflexions : bonnes ou mauvaises, elles seront utiles à la patrie, parce que c'est du sein de la discussion que les hommes doivent arracher la vérité.

Pour bien juger de l'admission des Navires neutres dans nos Colonies, il convient d'abord d'approfondir les ressorts odieux de la politique de nos ennemis, & d'examiner si cette admission momentanée des Navires neutres dans nos Colonies éludera les desseins des Anglois.

Le ſecond examen conſiſte à ſçavoir ſi dans le moment actuel nous ſommes en ſituation de faire ſeuls le Commerce de nos Colonies d'une maniere utile à l'Etat, dont l'intérêt eſt de maintenir la balance entre ſes Négocians & ſes Colons.

Le troiſieme objet de réflexion eſt de peſer tous les moyens de faire le Commerce de nos Colonies dans les circonſtances actuelles, ſans autoriſer l'admiſſion des Navires neutres.

Enfin nous chercherons à connoître ſi l'admiſſion générale & momentanée des Navires neutres remplit mieux les vûes de l'Etat pour le moment, qu'aucun autre plan; de quelles reſtrictions cette admiſſion doit être accompagnée; ſon influence actuelle & future ſur le Commerce.

PREMIERE PARTIE.

Quels fruits les Anglois ont-ils pû se promettre du plan qu'ils ont formé & suivi ? L'admission momentanée des Navires neutres dans nos Colonies éludera-t-elle leur politique ?

IL ne faut pas s'imaginer qu'un peuple qui a joüi long-tems d'une grande considération, & qui la méritera encore à bien des égards toutes les fois qu'il sera juste, s'expose à la perdre sans des motifs puissans. Si cette politique cruelle, qui légitime les injustices heureuses, est maniée avec habileté, elle n'éclatera jamais qu'avec l'assûrance d'un succès capable d'inspirer la crainte. On méprise les lois génantes de l'équité; mais on redoute le mépris des hommes. Les Anglois également envieux de l'accroissement de notre Commerce, & désespérés du déclin qu'a éprouvé le leur, soit par l'accroissement de l'industrie de toutes les Nations, soit par l'excès des taxes, suite forcée des dettes que leur fait contracter une ambition turbulente, n'ont envisagé de ressource que l'invasion de l'Amérique Septentrionale, & une guerre de surprise. Ce n'est pas qu'ils manquassent de moyens plus honnêtes : mais la corruption des principes dans cette Nation y rend les réformes difficiles ; & les voies légitimes ne leur présentoient pas le double bénéfice dont ils se sont flattés, de s'enrichir de nos dépouilles, & d'arrêter nos progrès pour de longues années, en détruisant notre Marine renaissante. De vastes espérances, & assez peu éloignées sembloient d'ailleurs attachées au succès de cette tentative. Une fois maîtres absolus de la Pêche, de la traite du Castor & des Pelleteries, de toutes les munitions navales du Nord de l'Amérique, ils eussent formé sans résistance l'établissement qu'ils ne cessent de méditer depuis tant d'années dans le golfe du Mexique. Parvenus à ce point, ils se trouvoient bien-tôt plus maîtres des Colonies Espagnoles & Portugaises, que les Souverains véritables de ces riches contrées.

Tout consistoit à nous mettre hors d'état de soûtenir une guerre avant de nous la déclarer ; & la Marine des Anglois étoit toute montée, tandis que la nôtre n'étoit que commencée : l'entreprise ne paroissoit pas difficile, si l'on se déterminoit une fois à ne pas l'être sur les procédés.

Ils ont pris en pleine paix le parti de courir ſur nos Vaiſſeaux marchands, dans une ſaiſon où les retours de l'Amérique & de nos Pêches ſont les plus abondants & les plus riches, les mers plus calmes, la découverte plus facile. Par cette conduite ils ont eſpéré, 1°. de priver notre Commerce d'un produit immenſe qui paſſeroit chez eux; 2°. en nous enlevant nos matelots, de gêner l'armement de nos vaiſſeaux de guerre, & de faciliter l'armement des leurs, en forçant ces captifs infortunés à choiſir entre la plus affreuſe miſere & des armes contre leur Patrie: c'eſt ainſi que dans la derniere guerre nous en avons perdu vingt mille dans leurs priſons. On ne peut croire que la politique nationale ait eu part à ces cruautés: mais enfin elle en a joüi; & elle devoit veiller ſur ceux qui étoient chargés de cette administration; 3°. de nous engager à faire sortir nos Vaisseaux de guerre en détail ou mal armés, à mesure qu'ils seroient prêts, pour parer aux coups les plus pressans, & dès-lors de miner nos forces sans aucun risque; 4°. de réduire nos Colonies à manquer d'approvisionnement.

On ne leur prête point ici des desseins chimériques; leur conduite décele leurs vûes, qui ne peuvent échapper à ceux qui feront réflexion sur la nature des croisieres qu'ils ont établies; sur l'attention avec laquelle ils ont évité de se compromettre contre nos escadres en force, tandis que le pillage de nos vaisseaux marchands annonçoit leur présence dans tous les parages à la fois; enfin sur la double précaution qu'ils ont prise de défendre dans leurs Colonies, sous peine de la vie, de porter des vivres dans les nôtres, & de prohiber chez eux toute assûrance sur des Navires François.

A suivre le plan des Anglois dans cette occasion, il est clair que jusqu'à ce que notre Marine ait une consistance suffisante pour occuper tout-à-la-fois leurs forces, & protéger nos Marchands, nous concourons au but de leur politique en multipliant nos armemens directs : c'est-à-dire, que nous nous exposons à faire passer chez eux la majeure partie de nos Vaisseaux, de nos chargemens, de nos matelots, à redoubler notre impuissance, sans que nous soyons en état de leur faire courir un risque équivalent. Car si nos forces suffisoient pour opérer de fortes diversions, & protéger nos attérages tant en Europe qu'à l'Amérique, il n'eſt pas douteux que le riſque des Anglois devenant à-peu-près égal au nôtre, l'Etat ne devroit en aucune maniere s'inquiéter de celui auquel s'expoſeroient ſes Négocians.

Mais dans le cas actuel, les aſſûrances ſe ſoûtiennent à 40 pour 100 pour aller, & celles du retour coûtent autant, tant en France que dans l'étranger (*a*). L'on peut donc ſuppoſer, ſans crainte de ſe tromper, que le riſque monte au moins à 30 pertes ſur 100 Vaiſſeaux qui partent, & à 30 ſur 100 Vaiſſeaux qui reviennent : de façon que dans la proportion à laquelle ces deux riſques ſont évalués, ſur 180 vaiſſeaux qui partiront, 89 ſeulement rentreront dans nos ports.

(*a*) Sur des Vaiſſeaux ſortans de la Manche; on a ſigné des polices à Paris à 30 pour 100 de prime, le 25 de Mai.

Telle a été, on ne peut trop le répéter, l'intention de nos ennemis, de nous réduire à cette alternative, ou bien de les voir s'emparer des capitaux destinés à circuler dans notre Commerce & dans notre Etat, des Matelots sans lesquels nos forces maritimes ne peuvent agir, de nos Vaisseaux sans lesquels nous ne pourrons continuer notre commerce après la guerre; ou bien de réduire nos Colonies aux plus funestes extrémités. Si leurs desseins réussissoient, si en une seule année une grande partie de nos Matelots, de nos bâtimens, de nos denrées étoient la proie de nos Pirates, quelles ressources nous resteroient pour nous venger, ou pour approvisionner par nous-mêmes nos Colonies ?

Il paroît démontré par le seul récit des faits, que l'admission autoriſée des Navires neutres dans nos Colonies juſqu'à ce que le riſque de nos ennemis dans le Commerce devienne à peu-près égal au nôtre, les prive entierement du fruit de leurs profondes ſpéculations. Par ce moyen nos Colonies ſeront approviſionnées, nos Matelots réſervés à des uſages plus plus ſûrs & plus preſſans, nos Vaiſſeaux conſervés, nos capitaux mis à couvert; & je montrerai plus-bas que cet expédient eſt également propre à les augmenter. Ou bien les Anglois reſpecteront avec les Nations neutres les Loix du droit des gens, & dans ce cas nous aurons rempli notre objet : ou bien les Anglois violeront la liberté naturelle du Pavillon de ces Nations ; alors ils armeront contr'eux toute l'Europe opprimée. Ils ſont trop habiles pour précipiter l'exécution de leur projet;

il leur suffit de nous abbatre pour s'assurer du despotisme maritime.

Leur Déclaration de guerre contre nous semble à la vérité n'avoir d'autre objet, que de défendre au Danemarck & à la Suede de commercer de leurs denrées avec nous. Mais je ne puis croire que dans le fait ils ayent l'imprudence de provoquer aussi injustement deux Nations fieres & courageuses, qui se trouvent en état de leur porter de terribles coups, si on les force à se venger d'une pareille violence. De quel droit en effet la Grande-Bretage estimera-t-elle contrebande les seules marchandises que deux Peuples libres puissent fournir? les mers font-elles donc son patrimoine ou sa conquête, pour y régler la navigation par les mêmes Loix que donne un Souverain dans ses Etats? Un Roi d'Angleterre peut-il prohiber quelque chose en Suede & en Danemarck? qu'ont de commun les querelles des Anglois avec le commerce de ces Peuples? En ce cas, pour détruire la Navigation du Nord de l'Europe, il suffit donc à l'Angleterre de déclarer la guerre à toutes les contrées du Midi? Non, les choses ne se passeront point ainsi: les deux Escadres combinées des Puissances maritimes du Nord, sont des Jurisconsultes trop pressans, pour que cette étrange prétention se soutienne. Ces Escadres sont armées pour la sûreté du Pavillon des deux Nations: c'est un engagement autentique qu'elles ont pris, & sur lequel elles ne pourroient hésiter sans donner un exemple de foiblesse trop dangereux. Les Anglois savent que ces Peuples & nous, ne pouvons réciproquement nous porter ombrage en aucune occaſion ; que nous ſommes en état de leur donner beaucoup à gagner, ſans renoncer à nos propres interêts : & le tems n'eſt pas éloigné peut-être où nous ſaurons par une ſeule opération augmenter à la fois leur Marine & la nôtre.

Ou bien la Providence laſſée de l'arrogance de l'Angleterre, a répandu ſur elle l'eſprit de vertige & de confuſion ; ou bien cette Couronne n'oſera ſoutenir ſa prohibition. Elle n'aura dèſlors retiré de ſa démarche ſinguliere, que la honte d'avoir avoué dans ſon délire que toute ſa conduite depuis dix mois eſt une ſuite de Pirateries, dont les Barbareſques mêmes ont quitté l'uſage envers les Nations avec qui ils ont des Traités.

Enfin, quelque parti que prennent les Anglois, il ne peut que nous être utile.

Pour nous réduits comme nous le sommes par les circonstances, à une défensive momentanée, avons-nous d'autres conseil à suivre que celui de conserver les objets mêmes que l'ennemi a eu dessein de nous enlever, pour nous réduire à recevoir sa Loi? A la guerre il ne suffit pas d'avoir des desseins; il faut comprendre ceux qui sont formés contre nous, les éluder, & en tirer même, s'il se peut, des moyens pour exécuter les nôtres.

Oublions cependant pour un moment le risque actuel que courent nos Vaisseaux Marchands, & les suites funestes de ce risque, soit pour notre vengeance, soit pour notre rétablissement, lorsque le calme reviendra; & voyons si nous pouvons faire seuls le commerce de nos Colonies d'une maniere utile à l'Etat.

SECONDE PARTIE.

Pouvons-nous faire ſeuls le Commerce de nos Colonies, d'une maniere utile à l'Etat ?

POUR éclaircir ce point, il convient d'établir des calculs, qui puiſſent donner une idée approchante du commerce de nos Colonies.

D'après les états qui ſe diſtribuent en divers Ports du nombre des Navires qui partent, on penſe communément qu'il va annuellement aux diverſes Colonies & en Guinée environ 380 bâtimens.

Une liſte particuliere porte cette proportion à 421. Sçavoir :

En 1749 . .	477.	2953 Bâtimens en 7 années ; ce qui fait la proportion moyenne de 421.
1750 . .	371.	
1751 . .	376.	
1752 . .	421.	
1753 . .	411.	
1754 . .	477.	
1755 . .	420.	

On ſuivra cette liſte, quoiqu'elle ſoit accompagnée d'une autre des Navires arrivés, qui porte le caractere de l'erreur & de l'illuſion; la voici :

En 1749 . . 391.		
1750 . . 404.		
1751 . . 399.		
1752 . . 395.	2964 Vaiſſeaux.	
1753 . . 407.		
1754 . . 425.		
1755 . . 430.		
1756 Ier Avril 63.		

plus de 50 aux Colonies de ceux qui ont été expédiés dans les années précédentes. D'où il réſulteroit que nous aurions un plus grand nombre de Vaiſſeaux qu'il n'en a été expédié dans les ſept années, & que les Anglois n'en ont pris aucun de ceux qui étoient employés au commerce des Colonies. Voilà les pieces juſtificatives qu'on n'a pas honte de produire contre l'admiſſion des Vaiſſeaux neutres.

Etabliſſons cependant nos calculs ſur le nombre de 421 Vaiſſeaux, parce que les états imprimés ne ſont pas non plus aſſez ſûrs pour s'en rapporter à eux uniquement; & que le nombre des Vaiſſeaux partis dans les trois dernieres années, a été réellement plus conſidérable que dans les trois années précédentes.

De ces 421 Navires, 60 ont été employés au commerce de Guinée; 80 ſont allés à droiture à Louisbourg, Quebec, la Mobile, la nouvelle Orléans, d'où la plûpart ſont revenus prendre un fret dans nos Iſles à ſucre, & y porter des farines, des poiſſons ſecs & ſalés, des planches, du merrein, &c. ainſi 260 ſeulement ont été expédiés à droiture pour les Iſles.

Des 80 Vaiſſeaux expédiés pour l'Amérique ſeptentrionale, on peut évaluer à 21 le nombre de ceux qui ſont revenus à droiture ; & à 400 le nombre des Vaiſſeaux qui ont eu part au commerce des Iſles à ſucre pendant la paix.

Chacun de ces Vaiſſeaux peut être réputé du port de 300 tonneaux les uns dans les autres.

Il y a donc cent-vingt mille tonneaux de mer employés à rapporter les denrées de ces Colonies ſeules. On doit obſerver en paſſant que le compte par tonneaux de mer eſt l'unique ſur lequel on puiſſe établir ſolidement un calcul ; & cette remarque trouvera ſon application.

Ces cent-vingt mille tonneaux font pour chaque Vaiſſeau un port de cinq cens milliers net.

On peut établir la valeur moyenne

ne des diverses qualités de sucre à 36 liv. & en supposer dans chaque Vaisseau 4740 quintaux, dont la valeur sera de *liv.* 170 640

On peut établir que les 26 milliers restans sont employés en marchandises cheres, comme indigo, coton, café, rocou, gingembre, manne, cacao, caret, cuirs; & porter leur valeur à 29 360

200 000

alors la valeur générale du Commerce de nos Isles, sera d'environ 80 000 000

Voici comment on peut estimer que cette valeur est consommée : le chargement de 340 bâtimens peut être évalué l'un dans l'autre à 80000 liv. 27 200 000

L'assûrance de ces vingt-sept millions 200000 liv. à 7 pour 100, tant d'aller que de retour,	1 904 000
Le dépérissement annuel de ces 340 bâtimens à 5000 liv.	1 700 000
La dépense de l'armement, du désarmement, & depuis peu, du remplacement des matelots déserteurs, à 25000 liv.	8 500 000
La mise-hors des 340 vaisseaux étant estimée 45000 liv. l'assûrance à 7 pour 100 coûtera	1 071 000
Chargement des 60 Négriers à 120000 liv.	7 200 000
Assûrances des sept millions 200000 liv. à 11 pour cent, tant d'aller que de retour,	792 000

Dépenſe de l'armement & du déſarmement à 40000 liv.	2 400 000
La miſe-hors des 60 Négriers étant évaluée à 50000 liv. l'aſſûrance à 11 pour cent,	330 000
Dépériſſement des 60 Vaiſſeaux Négriers, à 10000 liv.	600 000
Commiſſions en France ſur les achats & armemens,	1 200 000
Commiſſions à l'Amérique à 8 & 10 pour 100, ſur environ 80 millions de vente évaluées eſpece de France,	4 400 000
Commiſſions en France ſur 80 millions de retours à 2 pour 100,	1 600 000
Droits de domaine &	

autres droits locaux, d'Amirauté, frais tant en Amérique qu'en France, à 6 pour 100,	4 800 000
Intérêt à 6 pour 100 d'une dette d'environ 15 millions, par les habitans des Colonies,	900 000
Entretien des créoles en France,	3 000 000
Procurations, régies d'habitations à 10 & 15 pour 100, évaluées	2 000 000
Assûrances à 3 pour 100, sur au moins vingt millions de capitaux excédans les premieres mises,	600 000
	70 197 000

Pour le bénéfice des Vaisseaux, des Négriers,

des chargemens, 9 803 000*

80 000 000

Cet état, qu'on croit à-peu-près exact, nous conduira à plusieurs conséquences importantes pour la question.

Il convient d'observer d'abord que de 400 Vaisseaux destinés au Commerce de nos Isles à sucre, plusieurs partent deux fois dans une même année : ainsi nous pouvons bien dire avoir employé dans une année 120 mille tonneaux de mer, mais non pas 400 Vaisseaux effectifs de 300 tonneaux chacun.

Supposons que vingt seulement ayent parti deux fois dans une année, restent 380 Vaisseaux effectifs.

* Ces 9 800 000 sont le produit d'une avance de 48 millions environ, & le produit de l'industrie d'environ mille Négocians dans cette branche de Commerce ; la comparaison de ce partage avec celui des profits des Fermes générales, seroit intéressante.

De ces 380 les Pirates nous en ont enlevé environ 120, tant à l'Amérique qu'en Europe : nous n'en avons donc plus que 260 effectifs à employer, dont une cinquantaine au moins sont encore à l'Amérique.

Des 260 il convient de déduire ceux que leur vieillesse ou leur pesanteur mettent hors d'état de naviger ; enfin ceux que que la crainte ou l'impuissance des particuliers fera rester dans le port.

On sait qu'en tems de guerre les mauvais voiliers sont rarement exposés : il est probable que sur 260 bâtimens il s'en trouvera au moins 20 hors d'état de servir, par cette raison ou par celle de leur vétusté.

Jusqu'à ce que la Marine du Roi puisse s'étendre, ce ne sera point une exagération de penser qu'une vingtaine de Vaisseaux seront retenus par la crainte dans nos Ports.

L'impuissance des particuliers pour armer les 210 restans peut être facilement démontrée.

Les 120 Vaisseaux pris évalués à 200000 l. chacun, font une perte de 24 millions pour les Négocians occupés du Commerce de nos Colonies.

Supposons, ce qui n'est pas, que le total ait été assuré dans l'étranger à 30 pour 100, la diminution réelle dans les capitaux de cette branche de commerce sera de 7 200 000 liv. sans compter l'influence que les pertes sur d'autres branches ont nécessairement sur celle-ci.

On peut évaluer sans risque à une pareille somme les fonds qui sont restés dans les Colonies, en attendant que les affaires prissent une consistence.

La perte sur les denrées achetées

dans les Colonies avant la nouvelle des hostilités, & qui y sont restées, peut être regardée comme totale, & montera sûrement à plusieurs millions.

Il manque donc au moins 20 millions effectifs dans la circulation du commerce de nos Colonies.

Les Armateurs sont obligés par les circonstances d'augmenter leurs équipages, de doubler les gages, de payer 80 pour 100 d'assurances. De maniere que pour armer & charger le même nombre de Vaisseaux, & de la même maniere qu'en tems de paix, il faudroit employer presque le double de fonds. Or ce n'est pas dans un tems de guerre, après un dérangement inopiné dans beaucoup de fortunes, & dont les suites ne sont pas encore connues, que le crédit deviendra facile aux Négocians.

Ils seront donc forcés d'employer à un seul armement les fonds qu'employoient deux armemens pendant la paix ; & le chargement de ce Vaisseau sera de la moitié plus foible.

Ce n'est donc point porter les choses trop bas, que d'évaluer à 120 le nombre des Vaisseaux qui seront armés & chargés pour nos Isles à sucre, jusqu'à ce que nos atterrages d'Europe & d'Amérique deviennent plus sûrs, que les assurances soient diminuées.

Une preuve de la justesse de cette évaluation, c'est que dans le cours des mois de Janv. Fév. & Mars, les plus favorables de l'année pour éviter l'ennemi, il n'est parti pour nos Colonies que 46 Vaisseaux. Dans la situation actuelle des choses, on sait que la mer est presque fermée pour nos Vaisseaux Marchands jusqu'au mois d'Octobre.

Des 120 Vaiſſeaux dont je ſuppoſe le départ, il n'en doit pas arriver plus de 84, dans la proportion de 30 pour 100, quoique les aſſurances ſoient à 40; & de ces 84 il n'en doit pas rentrer dans nos Ports plus de 60.

Suppoſant que des 120 Vaiſſeaux aucun ne ſeroit pris, il ne ſeroit employé à l'approviſionnement des Colonies, & à rapporter leur produit, que 36 mille tonneaux de mer au lieu de 120 mille.

La culture eſt plus négligée à la vérité pendant la guerre, parce que l'habitant eſt plus ſouvent éloigné de ſa Terre, & que les Negres qui meurent ne ſe remplacent pas ſur le champ; mais il eſt clair qu'il manquera au moins les deux tiers du nombre de tonneaux de mer néceſſaires pour enlever les denrées des Colonies.

Ces denrées doivent donc être avilies des deux tiers au moins dans la proportion ſtricte de la concurrence qui regle les prix de toutes choſes dans le cours ordinaire du commerce : & les denrées dont le tranſport ſera moins avantageux, ſeront ſans valeur. Mais chacun n'eſt-il pas en état de juger par lui-même qu'une concurrence réduite tout-à-coup des deux tiers eſt un monopole arbitraire, dont la dureté ne peut être prévûe?

En établiſſant même que les 120 Vaiſſeaux ſeroient ſuffiſans pour pourvoir aux approviſionnemens les plus preſſans des Colonies ; il en réſulteroit toujours que le petit nombre de ces bâtimens & la chereté de leur aſſurance rendroit le fret en allant d'un prix exorbitant ; que la marchandiſe déja renchérie de ce fret, & de 40 pour 100 d'assurance, seroit vendue par un petit nombre de mains entre lesquelles seroit la subsistance d'un Peuple nombreux ; enfin que la somme des chargemens évaluée par un calcul favorable à 60 mille livres l'un dans l'autre, y compris une dixaine de Négriers, consommeroit par une valeur premiere de 7200 000 l. un produit qui dans la paix monte au moins à 80 millions ; produit qui ne pourroit jamais être rapporté en entier en Europe par les mêmes bâtimens.

Que seroit-ce donc si des 120 Vaisseaux, 84 seulement arrivoient à l'Amérique ; & si des 84 il n'en rentroit que 60 dans nos Ports ?

Ces évaluations ne sont point exagerées, & des faits assez récens viennent à leur appui.

Lors de la derniere guerre, le commerce ne fut point ſurpris par l'ennemi ; depuis deux ans les riſques étoient prévûs, les Colonies regorgeoient d'approviſionnemens, les magaſins étoient remplis lors de la déclaration. Des profits immenſes pendant les deux ou trois années qui avoient précédé la guerre, avoient conſidérablement accru les capitaux du commerce, & le nombre des Vaiſſeaux. Les aſſurances monterent à 40 pour 100 environ ; mais en Angleterre, à Cadix, elles ne paſſoient point 30 pour 100 ; à Genes elles étoient encore moins cheres ; l'Eſpagne formoit une puiſſante diverſion : notre Marine donnoit moins d'eſpérances qu'aujourd'hui ; mais ce qui reſtoit fut ſacrifié au commerce. Un ſuccès que l'on n'avoit oſé attendre, & qui ne devoit jamais être attendu, de convois annoncés ſix mois à l'avance, qui compromettoient tout le commerce du Royaume en une ſeule occaſion, ne laiſſa pas de raſſurer les eſprits : les aſſurances baiſſerent à 18, 20 & 25 pour 100.

Dans cette poſition bien plus avantageuſe que celle où ſe trouve notre commerce dans le moment actuel, il ne fut pas expédié 260 Vaiſſeaux pour les Iſles à ſucre dans les plus fortes années.

Les marchandiſes d'Europe s'y vendoient de 130 à 200 pour cent de bénéfice : le baril de bœuf de 100 à 120 liv. la morue de 55 à 60 liv. la farine de 80 à 100 liv. le baril. Les denrées s'y achetoient à un prix plus bas de 40, 50, 60 pour cent qu'en tems de paix, de maniere que les frais de la culture & de la ſubſiſtance abſorboient & au-delà le revenu. Cela eſt aiſé à concevoir, le baril de bœuf qui en tems de paix coûtoit un quintal & demi de ſucre terré, ſe payoit quatre quintaux; la farine qui ſe payoit dans la paix un quintal du même ſucre, s'échangeoit contre 3 quintaux, & ainſi de ſuite. La balle de Morlaix ſe vendoit 1400 liv. les Bretagnes étroites de 1350 à 1650 liv. les Colonies perdoient donc réellement les deux tiers de leurs revenus, ou plutôt leur revenu ne pouvoit payer qu'un tiers de leurs beſoins.

Ces faits ſont tellement connus, que je n'ai pas crû néceſſaire de les appuyer par des factures & des comptes de ventes de ces années-là. On a vû plus d'une fois refuſer des vivres à S. Domingue à des Particuliers qui n'avoient que du ſucre brut. La ſubſiſtance des familles créoles qui se trouvoient en France, ne fût pourvûe qu'au moyen des marchés qu'elles firent de livrer à la paix du sucre brut à 6 & 8 liv. des sucres terrés de 12 à 20 liv. suivant la qualité convenue, & le dégré de confiance du Prêteur; (*a*) encore la plûpart de ces marchés portoient-ils la condition de payer annuellement les interêts de la somme avancée. Ce qui surprendra, c'est que plusieurs de ces marchés n'ont pas été utiles aux Prêteurs par l'infidélité dans l'éxécution, les procès, faux frais; tant il est vrai qu'il n'est pas utile de réduire les hommes à balancer entre leur ruine certaine, & l'exécution scrupuleuse d'un engagement.

Nos Négocians qui trouvoient un grand bénéfice dans le commerce des marchandises, n'armerent qu'un

(*a*) Prix moyen de toutes les qualités, 13 liv. environ.

très-petit nombre de Navires pour le commerce des Negres plus risquable.

A la paix les Colonies se sont trouvées épuisées par les dettes qu'elles avoient contractées & les interêts accumulés, par la nécessité d'en contracter de nouvelles, soit pour le remplacement des Negres, soit pour les réparations urgentes sur les bâtimens, les atteliers; par la diminution de leur culture.

Si l'on considere que les Colonies ont été réduites à cette déplorable situation, malgré l'introduction continuelle des interlopes, malgré la ressource de plus de 500 prises que firent leurs Armateurs; si l'on compare ensuite la position actuelle du commerce avec celle où il se trouvoit en 1744, le nombre de 260 Vaisseaux expédiés annuellement dans la derniere guerre avec l'impossibilité actuelle & démontrée d'en expédier 150 ; pourra-t-on se persuader que les Colonies seront traitées dans cette occasion d'une maniere moins défavorable ?

Il ne s'agit donc plus que d'examiner s'il est utile à l'Etat que le commerce de ses Colonies se fasse dans ces termes.

L'interêt de l'Etat renferme certainement celui de tous les sujets ; & la sagesse du Législateur consiste principalement à établir l'équilibre entre toutes les classes du peuple.

L'ordre établi par la Providence a voulu qu'une partie des Citoyens travaillât pour les autres, & en dépendît : mais celui que cette même Providence a établi pour conserver l'ordre, veille à maintenir ce vasselage & cette dépendance dans de justes bornes sans les détruire. Telle est la source du droit qu'a le Prince de supprimer des servitudes contractées entre des Vassaux & leur Seigneur, si l'exercice en est ruineux pour le public: & tout ce que celui-ci peut demander avec raison, c'est un dédommagement.

Appliquons ce principe incontestable. La Métropole a fondé les Colonies pour augmenter le travail de ses Laboureurs, de ses Manufacturiers & de ses Matelots, enfin pour l'intérêt du Commerce général. Les Négocians sont les agens de la Nation dans son Commerce, mais ils n'en sont pas les Propriétaires: ainsi leur intérêt personnel doit être mis à part dans toutes les spéculations politiques. L'intérêt du Commerce général avec les Colonies, c'est la conservation de l'Empire, & la conservation du produit.

La conſervation de l'Empire eſt aſſurée par la nature même & la ſituation de nos Colonies ; par les précautions qui ont été priſes, & ſurtout par la fidélité & la valeur des Habitans ; ils ſont François. Mais ces vertus, parce qu'elles ſont un devoir, ne méritent-elles aucune reconnoiſſance ? Quoique les ſervices rendus à la Patrie ſoient un devoir, n'eſt-il pas utile de les récompenſer ? L'émulation n'eſt-elle pas l'ame d'un Etat, la mere de toutes les vertus & de tous les talens ? Allons plus loin encore, je ne dirai rien de trop : la Métropole a eu peu d'occaſions de montrer toute ſa tendreſſe à ſes Colonies, depuis qu'elles ſont établies ; pourquoi leur en refuſer une marque dont elles ont beſoin, qui ne rompera point les meſures de la juſte dépendance qu'elles reconnoiſſent, & qu'elles ont ſouvent éprouvée au-delà de la volonté du Légiſlateur ? Une maxime du droit des gens, c'eſt que toute dépendance impoſe à celui qui domine l'obligation de la bienfaiſance & de la protection.

La conſervation du produit eſt évidemment incompatible avec la pauvreté du conſommateur, avec le dépériſſement forcé de la culture & des habitations.

Ces propoſitions ſe prouvent par elles-mêmes ; mais conſultons les faits. Pendant la derniere guerre, les habitans des Colonies furent forcés d'apprendre à vivre ſobrement, à pratiquer des détails d'économies domeſtiques qui leur étoient inconnues. Les Commerçans calculerent mal à la paix, & remplirent imprudemment leurs magaſins ſur le pied de la consommation ordinaire. L'habitant se tourna vers la dépense utile à son revenu ; il économisa pour remplacer ses Negres, les habiller, réparer ses bâtimens & ses atteliers, replanter ses carrés, payer ses dettes. Il devint maître en ce moment du prix des denrées superflues, & même de celles qui n'étoient que de commodité. Leur abondance se trouva telle, que pendant plus de cinq ans, il prit une espece de revanche du Commerce, achetant à bon marché & vendant très-cher. A mesure que son aisance s'est accrue, la facilité de payer a rétabli la concurrence entre les vendeurs & les acheteurs, & les denrées des Colonies sont venues à un prix plus proportionné à celui qu'on en trouvoit dans les marchés de l'Europe.

Il est vraisemblable qu'après cette

guerre-ci nos Négocians ſpéculeront plus finement, & ſe régleront mieux ſur les demandes; mais ſi nous ſuppoſons que les habitans ſe trouveront dans la même ſituation qu'à la fin de l'année 1748, il eſt clair que les Négocians, pour éviter de perdre, mettront dans le Commerce moins de productions de nos terres, de nos fabriques, enfin moins de vaiſſeaux.

Si, comme à la fin de la derniere guerre, nos Colonies ont beſoin d'un remplacement de 50 à 60 millions, ſoit en Négres ſoit en avances pour réparer leurs habitations; il eſt clair que la conſommation ordinaire de nos productions, ſera diminuée juſqu'à ce que le travail des Négres & le ſervice des atteliers ait pû rendre des valeurs ſuffiſantes pour acquitter l'habitant de cette dette extraordinaire & forcée, & le remettre à peu près dans la ſituation où il ſe trouvoit à la fin de 1755. Dans l'intervalle il ſera expédié, comme on l'a vû pratiquer, des vaiſſeaux avec de l'argent au lieu de marchandiſes, ce qui avilira d'autant celles-ci : & l'abondance de cet argent dans les Colonies ſervira, ainſi qu'il eſt toûjours arrivé, à faciliter l'échange avec les interlopes; la Métropole ſera encore privée d'une portion conſidérable des ventes qu'elle pouvoit faire en Négres.

Cet expoſé fidele de ce qui s'eſt paſſé depuis l'année 1748, ne nous donne pas encore une idée entiere de la diminution qu'éprouvera la Métropole dans le produit de ſon Commerce. Il faudroit connoître au juſte la quantité de ſucreries que le haut prix des nôtres en Europe pendant la derniere guerre a fait établir dans les Colonies des autres peuples

peuples. Toujours portés à nous flatter sur nos avantages, qui réellement sont très-grands si nous savons en profiter, nous négligeons sans cesse les petits calculs de détail, qui forment cependant une somme dans la balance générale du Commerce de l'Europe. Il ne s'agit pas de savoir si nous avons vendu plus ou moins de sucres qu'auparavant, mais si les autres Peuples qui ont des Colonies, en ont reçû ou vendu plus qu'ils ne faisoient; & si c'est à la faveur du renchérissement excessif des nôtres pendant la guerre, que ces établissemens se sont faits. Enfin dans cette matiere il est une regle fort simple pour bien distinguer l'intérêt du Commerce général, c'est-à-dire celui des terres, des manufactures, & des matelots, l'intérêt des Colonies, & l'intérêt des Négocians.

L'intérêt du Commerce général est assûrément de faire sortir la plus grande quantité possible de ses productions, en échange des denrées de ses Colonies; d'occuper à cette navigation le plus grand nombre de Vaisseaux & de matelots possible.

L'intérêt d'une Colonie c'est de pourvoir à tous ses besoins, & aux commodités qui rendent la vie agréable, avec le produit de ses terres. Le compte de ses revenus ne doit point être fait en argent, mais en denrées: combien de livres de sucre, d'indigo, ou de caffé, coûte une balle de toile de Morlaix, un baril de bœuf ou de farine; voilà le véritable thermometre de l'aisance ou de la pauvreté des Colons.

L'intérêt du Commerçant est de retirer la plus grande quantité possible de denrées des Colonies, avec la moindre mise possible en denrées de la Métropole ; ce qui prouve qu'on ne peut trop multiplier la concurrence des Négocians, & ouvrir de ports en tems de paix pour la sortie de nos denrées : au lieu que 12 ou 13 seulement ont le droit de commercer avec les Colonies : c'est sur ces trois intérêts que le Législateur doit prononcer ses decrets.

Dans les tems ordinaires, l'intérêt du Commerce général & celui de la Colonie, sont le même, ou rentrent l'un dans l'autre ; ils forment l'intérêt national.

Dans un tems de guerre, cet intérêt ne change point de nature ; mais il peut être modifié par une circonstance. L'intérêt du Commerce général est toûjours de vendre le plus qu'il lui est possible en échange des denrées de la Colonie ; mais il

condition que cette denrée de la Colonie payera les frais extraordinaires du transport : alors cette Colonie n'est plus en état de consommer la même quantité de denrées de la Métropole ; c'est ainsi que le Commerce général porte une partie du fardeau commun.

L'intérêt d'une Colonie fidele est de montrer son attachement dans ces occasions, en se soûmettant à ce retranchement d'échanges & de commodités dont la Métropole souffre de son côté.

Mais si des circonstances extraordinaires mettent le Commerce général dans l'impuissance absolue de pourvoir à la subsistance nécessaire de la Colonie ; s'il ne peut lui fournir que le cinquieme des approvisionnemens ordinaires, de façon que l'échange mutuel énerve la Colonie pour de longues années ; alors le Légiſlateur commun cherche les moyens d'empêcher la ruine entiere de la Colonie, en même tems qu'il tâchera de conſerver au Commerce général la portion d'entrepriſes qu'il eſt en état de former.

Dans ce cas extraordinaire, l'intérêt particulier du Commerçant paroîtra s'unir à celui du Commerce général ; mais le langage de l'un & de l'autre ſeront fort différens.

Le Commerce général demandera la ſûreté de ſes droits pour l'avenir, & la conſervation de ce qu'il peut entreprendre pour le moment : l'intérêt particulier demandera la faculté de faire payer au Colon une année de mauvaiſe ſubſiſtance, aux dépens de deux années du revenu de ſa terre. Suppoſons que le Légiſlateur veuille conſentir à ce ſacrifice, ſes Laboureurs, ſes Ouvriers, ſes Matelots, n'en auront pas plus d'emploi : au contraire, à la paix cet emploi ſe trouvera conſidérablement affoibli, parce que la conſommation eſt la meſure du travail, & l'aiſance celle de la conſommation.

Si nous ne ſommes pas en état de faire ſeuls le Commerce de nos Colonies, d'une maniere utile à l'Etat, peſons attentivement tous les moyens poſſibles de faire ce Commerce dans les circonſtances actuelles, ſans autoriſer l'admiſſion des Navires neutres.

TROISIEME PARTIE.

Quels sont les moyens d'approvisionner nos Colonies sans autoriser l'admission des Navires neutres : & quels sont les avantages de ces moyens.

LE premier moyen qui se présente pour approvisionner nos Colonies, est de laisser aux Généraux & Intendans la liberté d'admettre les interlopes suivant les besoins de la Colonie.

Il a été pratiqué dans la derniere guerre, & nous avons vû que malgré la présence de 260 Vaisseaux François, il a été insuffisant pour empêcher le surhaussement excessif des denrées d'Europe, & la baisse de celle des Colonies de plus de moitié.

En effet, dans le cours ordinaire du commerce, les profits se reglent d'ordinaire sur le besoin de l'acheteur, sur la concurrence des Vendeurs, & sur les frais qu'il faut faire,

Les chefs qui accordent ces sortes de permissions, peuvent à toute rigueur n'y avoir aucune espece d'intérêt; en choisissant les sujets, on en trouve au-dessus de la corruption: mais dans les Colonies il est moins sûr que ceux qui les entourent soient inaccessibles aux présens. Ainsi ces Vaisseaux interlopes sont ordinairement admis à des conditions qui leur épargnent une certaine concurrence: & le motif de l'intérêt de la Métropole ne manque pas d'être cité. D'un autre côté cet interlope veut bien mériter la préférence en baissant le prix de sa marchandise de quelque chose: mais il n'est pas assez peu interessé pour ne pas suivre le cours le plus près qu'il lui est possible.

Il s'ensuit que le commerce de

France éprouve une concurrence ſur laquelle il n'a point compté, qui ſuſpend de nouvelles opérations, & qu'en même tems l'habitant eſt fort peu ſoulagé.

Enfin, ou bien ces interlopes ſeront très-nombreux, ou bien ils ne le ſeront pas : s'ils ſont très-nombreux, ils porteront au commerce général & au Commerçant un préjudice encore plus conſidérable que ne le fera l'admiſſion des Navires neutres ſous certaines reſtrictions ; s'ils ne ſont pas nombreux, l'approviſionnement des Colonies ne ſera point fait d'une maniere utile à l'Etat.

Il eſt encore à propos d'obſerver que les interlopes des pays voiſins ſont beaucoup plus dangereux que ceux des pays éloignés. Les premiers ont trop de facilité à entretenir les relations qu'ils ont commencées, lorſqu'une fois le Gouvernement ne juge plus à propos de les tolérer : dans bien des cas elles peuvent même devenir dangereuſes. Ainſi ce premier moyen n'eſt utile ni au Commerce général, ni aux Colonies, ni aux Négocians.

Le ſecond moyen d'approviſionner nos Colonies ſans autoriſer l'admiſſion des Navires neutres, c'eſt d'accorder des permiſſions particulieres & cachées aux Etrangers.

Ou bien ces permiſſions particulieres ſeront nombreuſes, ou bien elles ne le ſeront pas ; ſi elles ſont nombreuſes, elles ont tous les inconvéniens de l'interlope dont nous venons de parler, & n'emportent avec elles aucuns des avantages de l'admiſſion générale des Navires neutres ſous des conditions & des reſtrictions ; ſi ces permiſſions ne ſont pas nombreuſes, elles ſeront inſuffiſantes, & ne produiront qu'un monopole au profit de quelques Particuliers accrédités, ſans utilité pour le Commerce général, ni pour l'univerſalité des Négocians. La ſeule différence qui exiſte entre ces deux moyens à l'avantage de celui-ci, c'eſt qu'au moins ces permiſſions particulieres devant être ſollicitées en France, il eſt vrai-ſemblable que les François y ſeront intereſſés.

Mais ces permiſſions particulieres portant une idée de faveur, ſuppoſent des protections, un déplacement, des incertitudes, comme ſi c'étoit une affaire de Finance : elles ſont peu ſuſceptibles de conditions utiles au Commerce général, parce qu'elles ne ſont jamais demandées dans cet eſprit; enfin ces permiſſions particulieres, quelque nombreuſes qu'on les ſuppoſe, ne porteront jamais le caractere de conſervation & de concurrence, utile, ſoit au Commerce général, ſoit aux Colonies.

Il nous reſte donc à examiner ſi l'admiſſion générale & autoriſée des Navires neutres ſous des conditions, remplit mieux les vûes de l'Etat pour le moment qu'aucun autre plan.

QUATRIEME PARTIE.

L'admiſſion générale & autoriſée des Navires neutres remplit-elle mieux les vûes de l'Etat dans le moment actuel, qu'aucun autre plan? De quelles reſtrictions doit-elle être accompagnée; quelle ſera ſon influence actuelle & future ſur notre Commerce?

LES vûes de l'Etat ſont 1°. comme nous l'avons expliqué ſuffiſamment, de mettre à couvert les

Matelots, les Vaiſſeaux Marchands & leurs cargaiſons, jusqu'à ce que la protection de ſa Marine rende le riſque des Anglois égal aux nôtres. 2°. De pourvoir à la ſubſiſtance de ſes Colonies d'une maniere également propre à prévenir la ruine entiere des Habitans, qui entraîne celle du Commerce général, & à conſerver le droit du Commerce général.

Quand même l'admiſſion générale & autoriſée des Navires neutres ne ſeroit ſoumiſe à aucunes conditions, elle rempliroit évidemment tous ces objets d'une maniere plus utile que l'admiſſion des interlopes, & les permiſſions particulieres.

Il nous eſt plus utile d'admettre les Eſpagnols, les Hollandois, les Suédois, les Danois, les Hambourgeois, les Moſcovites, les Italiens, au commerce de nos Colonies, que les ſeuls Hollandois de Curaçao & de Saint-Euſtache. Puiſque nous ſommes forcés de donner à gagner, nous ne devons pas nous mettre dans la dépendance d'un ſeul Peuple, & toutes les Nations amies doivent partager nos faveurs : par ce moyen la ſûreté de l'approviſionnement de nos Colonies deviendra la cauſe commune & publique de tous les Peuples.

2°. Il ſera plus facile dans le tems néceſſaire d'interrompre les relations de ces divers Peuples avec nos Colonies, qu'avec deux Iſles voiſines dont les établiſſemens ne ſubſiſtent qu'aux dépens de notre commerce général, de celui de Cadix & de Lisbonne. Les Navires neutres obligés de partir d'Europe pour venir à droiture dans nos Colonies, & d'en revenir à droiture en Europe, n'auront ni les mêmes facilités, ni les mêmes motifs d'établir ces relations préjudiciables à notre commerce en tems de paix.

3°. L'admiſſion générale des Navires neutres emporte la néceſſité d'un Paſſeport de France, & une caution du payement des droits; par conſéquent tous nos Négocians auront une facilité pour s'intereſſer dans ces armemens, qu'ils n'auroient point par des permiſſions particulieres qui portent toujours par elles-mêmes une exception quelque multipliées qu'elles ſoient; facilité que les Hollandois leur ont refuſée juſqu'à préſent dans les Armemens interlopes de Curaçao & de Saint-Euſtache.

Nous pouvons donc employer par ce moyen & ſans riſques une plus grande portion de nos capitaux dans le Commerce de nos Colonies, que par tout autre expédient : il convient même aux Etrangers, autres que les Hollandois, de nous intéresser dans leurs Armemens, soit afin d'être instruits sur les détails, sur le local, soit afin de s'assurer de l'exactitude des Commissionaires, ausquels ils seront obligés de remettre les restans de Cargaisons, ou de s'en rapporter pour les recouvremens.

L'admission des Navires neutres dans les Colonies, jouit encore d'un avantage infiniment supérieur ; c'est celui de pouvoir être soumise à des conditions, à des restrictions.

La condition proposée d'un droit par tonneau réversible au Navigateur François, ne peut avoir lieu dans aucun autre expédient ; or il est évident qu'entre deux concurrences, la moins décourageante doit être adoptée.

Il a été proposé de fixer ce droit à 20 liv. par tonneau en partant d'Europe, & à 20 liv. especes d'Amérique en sortant des Colonies ; ce qui forme une valeur de 33 liv. 6 s. 8 den par tonneau.

Nous avons vû que le commerce de nos Colonies employoit en tems de paix 120 mille tonneaux de mer ; & que nous ne pouvions y en employer vrai-semblablement plus de 36 mille dans les circonstances actuelles.

Ainsi nous pouvons supposer que les Etrangers suppléeront les 84 mille tonneaux déficiens à cette navigation ; ils payeront dèslors 2 800 000 liv. aux Navigateurs François.

Cette réversion ne paroît point cependant un objet assez considerable, pour établir entr'eux une concurrence égale dans les mêmes denrées; car la miſe hors des 120 Navires François du port de 300 tonneaux évaluée à 50 mille liv. formera un objet de 6 millions, dont

l'aſſûrance à 80 pour 100 coûtera	4 800 000
à déduire la gratification de	2 800 000
reſte	2 000 000
L'aſſûrance de cette prime coûtera	1 600 000
Le chargement évalué à 60 mille liv.	7 200 000
L'aſſûrance du chargement à 80 pour 100,	5 760 000
L'aſſûrance de cette prime,	4 608 000
Total des frais,	21 168 000

Calculons les frais ſur 120 Vaiſſeaux étrangers : la miſe-hors des Navires étrangers évaluée 40 mille livres, formera une ſomme de 4 millions 800 mille liv. dont l'aſſûrance

	l.	liv.
à 15 pour 100 coûtera	720000	
Le chargement à 60000 liv.	7200000	
Aſſûrance du chargement à 15 pour 100,	1080000	10200000
Droits de 36000 tonneaux à 33 l. 6 ſ. 8 d.	1200000	

Il s'en faut donc plus de 11 millions que l'armement & le chargement de nos 120 Navires, ſoit dans la concurrence du chargement & de l'armement de 120 Navires étrangers; ſans compter, 1°. un déſarmement plus cher; 2°. le déſavantage qu'auront les denrées rapportées par nos vaiſſeaux, qui auront un ſecond frêt & de nouvelles aſſurances à payer pour ſe rendre dans les Ports étrangers, augmentées de commiſſions, de frais d'embarquement, de débarquement, de magaſinages, courtages, &c. 3°. un riſque effectif de plus de 6 millions ſur la prime de la prime d'aſſurance.

Si l'on veut conſerver à nos Armateurs & à nos Matelots quelque portion de commerce direct avec les Colonies, il eſt néceſſaire de diſtinguer les denrées que les Navires neutres auront la liberté de porter, & celles dont l'introduction reſtera excluſive à nos vaiſſeaux.

L'objet de l'Etat n'eſt point aſſurément de mettre les Colonies dans une telle ſituation, qu'elles ne ſe reſſentent en rien du fleau de la guerre; mais d'allégir ce fardeau qui les accableroit immanquablement, & qui leur enleveroit toute faculté de consommer pour de longues années les productions de la Métropole.

Les denrées comestibles sont les seules dont la nécessité est au-dessus de toutes les loix ; comme celles dont la consommation dans les Colonies employe le plus de capitaux, & de tonneaux de mer.

Sur ces principes, il paroîtroit convenable de restraindre le Commerce des Navires neutres, à l'importation du comestible, & à l'affrettement des vaisseaux. En conséquence il seroit nécessaire que le Commerce même eût la permission d'entretenir des Pataches pour la visite des chargemens, & de saisir tout ce qui ne seroit pas dans l'ordre du comestible, qui renferme les farines, bœufs, menues salaisons, morues, poissons, secs & salés, sels, vins, eaux-de-vies, huiles, fruits de toute eſpece. Il n'eſt pas poſſible qu'il s'éleve de diſcuſſions ſur la différence entre les denrées comeſtibles & les autres.

Dans la perſuaſion que nous pouvons employer à peu près tous nos Matelots, & qu'une portion du Commerce des Navires neutres ſera faite avec les fonds des François; ce n'eſt pas en faveur de l'intérêt du Négociant ſeul que je regarde cette diſtinction comme indiſpenſable. Un intérêt d'un ordre ſupérieur, c'eſt-à-dire, celui du Commerce général, ſemble ne permettre pas de s'en écarter.

Si les Navires neutres pouvoient porter les productions des manufactures communément déſignées ſous le nom de marchandiſes ſeches, il eſt évident qu'il en réſulteroit deux grands déſordres.

1°. Les Peuples qui vraiſemblablement navigueront le plus dans nos Colonies, c'eſt-à-dire, les Suedois, les Danois, les Hambourgeois & les Hollandois, ſont plus à portée de tirer pour leurs cargaiſons les toiles de la Siléſie, & les Manufactures de l'Angleterre que les nôtres : d'où il réſulteroit que nos toiles ſeroient abſolument abandonnées pendant tout le cours de la guerre, & les autres Manufactures ſeroient fournies par nos ennemis mêmes.

2°. Les étrangers ne manqueroient pas de remplir les magaſins des Colonies, de maniere à y continuer leurs ventes pluſieurs années après la guerre. Ce qui ne peut pas arriver ſur les marchandiſes comeſtibles, dont la vente doit être prompte, parce qu'elles ne peuvent long-tems ſe conſerver dans ces climats. Or, ſi les étrangers avoient pourvû nos Colonies de Manufactures étrangeres pour la conſommation de cinq à ſix années de paix, il eſt évident que pendant ce tems, le produit des Colonies à raiſon de ces marchandiſes leur appartiendroit ; que nos Ouvriers en ſeroient privés, & que les malheurs de la guerre auroient une ſuite trop longue & trop funeſte.

Auſſi n'héſiterois-je point à retrancher encore quelque choſe ſur la portion de commerce direct, à laquelle nos Armateurs peuvent prétendre avec les Colonies ; en propoſant de permettre aux Navires neutres de porter des Marchandiſes ſeches, ſous la condition de venir les charger dans nos Ports, où leurs Navires ſeront viſités pour

connoître

connoître s'ils ne portent pas des Manufactures étrangeres.

Mais il me semble que le Commerce des Négres doit rester exclusif à nos Négocians. Il est presqu'impossible que nous accordions aux étrangers la liberté de leur introduction, sans accroître à notre préjudice leur Commerce à la côte de Guinée, & que leurs cargaisons de Negres ne leur donnent hypoteque sur les revenus des habitans pour un plus grand nombre d'années, que celui de la guerre ne doit durer. Il conviendroit cependant de faire une exception en faveur de la Colonie de la Louisiane.

Quoique j'aye mis jusqu'à présent l'intérêt des Négocians à part, il ne me paroît point indifférent; leur qualité honorable d'agens de la nation mérite des égards; toujours ſubordonnés à la vérité à l'intérêt général, mais tels que l'Etat contribue de toute ſa protection à rendre leur fonction lucrative. Ils ont ſupporté de grandes pertes, & fait en quelque façon jusqu'à préſent les frais de la guerre : il eſt donc juſte de leur ménager des reſſources compatibles avec l'intérêt général. Leur répugnance à l'admiſſion des Navires neutres dans les Colonies, entre pluſieurs motifs d'intérêt particulier, peut-être excuſables dans des circonſtances auſſi fâcheuſes, en a montré d'honorables en faveur du public. Mais dans des queſtions de cette importance, faire des objections, ce n'eſt pas ſervir l'Etat ni donner une ſolution ; il faut propoſer des moyens.

Quelque déſavantage que préſente le tableau de la concurrence entre les Navires François & les Navires neutres, il eſt certain que ce déſavantage eſt encore plus grand dans la poſition actuelle, puiſque les interlopes ſont reçus ſans aucune condition ni aucune reſtriction. Nos Négocians ne peuvent avoir intérêt dans ce commerce interlope, & ils ont des facilités évidentes pour prendre part à celui que les vaiſſeaux neutres feront ſous leur caution.

Le plan de M. M. les Députés du Commerce paroît donc tout à la fois combiné ſur l'intérêt du Commerce général, ſur celui des Colonies, & ſur l'intérêt bien entendu des Négocians.

L'obligation que leur a la Patrie ſera encore mieux développée, en en examinant l'influence de l'admiſſion générale des vaiſſeaux neutres ſous les conditions & les reſtrictions dont nous venons de parler. Mais auparavant, qu'il me ſoit permis de propoſer quelques autres encouragemens aux Armateurs François.

Le premier encouragement conſiſteroit à ſupprimer pendant la guerre le droit de 10 l. par tête de Noirs, & à permettre à nos Négocians de traiter librement au Sénégal.

2°. Le remplacement des Matelots déſerteurs devient un objet très-ruineux pour le Commerce; on les a payés à l'Amérique dans la derniere guerre juſqu'à 150 & 200 liv. ſi nos Armateurs ne ſont point diſpenſés de porter les gages de ces Déſerteurs à la caiſſe de la Marine, ils ſe trouveront encore plus éloignés de l'égalité de la concurrence. La religion du Miniſtre a été certainement ſurpriſe ſur des expoſés également faux & indécens, lorſque l'ordre a été donné aux Armateurs de payer ces ſalaires, qui ne ſont qu'un foible dédommagement des dépenſes que leur occaſionne la fuite de leurs Matelots : c'eſt une véritable impoſition ſur les armemens, très-préjudiciable dans un pays qui navige plus cherement que tous ſes voiſins ; inconnu dans tous les Etats commerçans, & dont le fruit a été juſqu'à préſent l'impunité des Déſerteurs, l'oubli de toute eſpece de ſubordination.

Ce que payent les Négocians en dédommagement des engagés que l'Ordonnance les oblige de tranſporter à l'Amérique, eſt encore un de ces articles d'impoſitions ſourdes qui renchériſſent la Navigation.

Enfin l'admiſſion des Navires neutres dans nos Colonies, feroit une occaſion favorable pour introduire à S. Domingue un cabotage, c'est-à-dire une navigation d'ance en ance, telle qu'elle est établie à la Martinique. L'exécution de ce projet épargneroit la vie à une infinité de Matelots, que la fatigue énorme du chargement des sucres fait périr annuellement : il nous mettroit dans le cas de naviguer à moins de frais, & entretiendroit dans l'Isle un fonds de Matelots Negres, dont les forces navales du Roi pourroient dans l'occasion se servir très-utilement. On a voulu l'établir dans ces dernieres années, mais à des conditions si gênantes, & sur des prix limités si excessifs, que le Gouvernement ne jugea pas à propos d'y donner son consentement. Un pareil établissement ne peut être que le fruit de la liberté & de la convenance des parties intéressées : mais comme dans l'origine les prix ſont toûjours plus hauts, il eſt difficile que ce cabotage s'introduiſe en tems de paix, autrement que par le ſecours des récompenſes. Dans cette occaſion-ci il paroîtroit poſſible d'en introduire l'uſage ſans dépenſe & ſans riſque, en obligeant les vaiſſeaux étrangers à ſe ſervir des barques du pays pour le tranſport des ſucres d'ance en ance, & veillant ſeulement avec exactitude à empêcher tout monopole. A la paix cette navigation ſe trouveroit ſuffiſamment établie, pour qu'il fût utile aux Armateurs de ſe ſervir de cette voie.

Il nous reſte à examiner quelle ſera l'influence actuelle & future ſur notre Commerce, de l'admiſſion des vaiſſeaux neutres dans nos Colonies, ſous les conditions & les reſtrictions propoſées.

Commençons par le premier des intérêts, par celui des terres.

Nos terres fourniſſent aux Colonies des farines, des menues ſalaiſons, des vins, des eaux-de-vie, des huiles, des fruits de toute eſpece.

Nos farines ne ſeront point portées vraiſſemblablement dans nos Colonies par les vaiſſeaux neutres, ſi leur prix n'eſt au-deſſous de celui auquel ces denrées s'achetent ailleurs : c'eſt une perte, j'en conviens; mais elle ne ſera point totale, ſi l'abondance en eſt aſſez grande en France pour que leur prix baiſſe. Si le prix ne baiſſe pas, c'eſt une preuve que nos terres auront trouvé un remplacement de conſommation.

Les ports d'où ſortent nos plus belles farines ſont ceux de Bordeaux, de la Rochelle, & de Nantes : or les

prendre dans ces ports les vins & les eaux-de-vie dont la consommation de nos Colonies a besoin : d'où je conclus qu'ils y prendront également des farines, si leur prix y est proportionné à celui des autres marchés de l'Europe ; une cargaison n'est pas entierement composée d'un seul article. On sait encore qu'il est des qualités de farine fort supérieures aux autres, auxquelles nos Colons sont habitués ; ce qui porte à croire que probablement il sera de l'intérêt des étrangers de s'en assortir de quelques parties.

Il est probable que nos menues salaisons trouveront peu de débouché dans les Colonies, parce que le Nord les fournit à meilleur marché. La présence d'une grande quantité de troupes dans nos Provinces maritimes,

Corſaires , ſuppléeront abondamment à cette branche de conſommation.

Les fruits de toute eſpece ſeront encore pris dans nos ports par les étrangers , parce qu'ils ne les trouveront point meilleurs en d'autres endroits.

Les huiles & tout ce que fournit la Provence, coûtera encore meilleur marché aux Navires neutres dans nos ports, que dans ceux d'aucun autre pays.

Il eſt donc évident que nous n'accordons aux étrangers que la permiſſion de porter nos denrées comeſtibles aux Colonies ; & comme il les porteront à moins de frais, il en ſera conſommé beaucoup plus que ſi nous conſervions à nos Négocians l'approviſionnement excluſif de nos Colonies. Nos terres ont donc un intérêt évident à l'exécution du plan proposé.

Les grosses salaisons ne sont plus fournies par nos terres depuis bien des années ; & peut-être ne sommes-nous pas assez riches en bestiaux pour abolir en peu de tems le tribut que nous payons à l'Irlande sur cet article. C'est à l'Angleterre que reviennent les 4 à 5 millions que nous payons pour cette denrée ; & tandis que nous avons souffert qu'elle prohibât pendant la paix le peu de branches de Commerce qui nous restoient avec elle, nous avons bien voulu nous persuader que le besoin nous forçoit de lui payer une balance. Puisqu'elle a refusé de nous vendre des salaisons, profitons de l'occasion pour détourner de ses terres, ou de celles qui lui sont soûmises, l'utilité de cette exportation.

Depuis trois ans, deux cargaiſons de bœuf ſalé ſont parties à droiture d'Arcangel pour venir dans nos ports, d'où elles ont été expédiées avec ſuccès pour la Martinique. Malgré les frais d'une ſeconde ſalaiſon, elles donnoient encore plus de profits que celles qui ſe tirent d'Irlande; car ſi le prix du tierçon eſt à-peu-près égal, celui d'Arcangel eſt plus fort d'un tiers en continence.

Le Dannemarck peut encore nous fournir des ſalaiſons.

Trieſte peut nous procurer des bœufs ſalés de Hongrie.

Uſons du droit naturel de tous les Peuples, & faiſons une fois repentir nos voiſins de nous provoquer ſans ceſſe dans la paix par des prohibitions de Commerce, des uſurpations, & des inſultes. Je ne propoſerai point de défendre l'entrée des bœufs d'Irlande, mais d'accorder une gratification de 2 liv. par baril de bœuf apporté en droiture d'Archangel, des Ports de Suede, de Dannemarck, de Hambourg, & de Trieſte, pour être entrepoſés en France, & réexpédiés à l'Amérique ſur quelque Navire que ce ſoit. Pour favoriſer nos Terres, accordons une gratification de 4 liv. par baril de bœuf ſalé de France, chargé pour nos Colonies ſur quelques Navires que ce ſoit; ce ne ſera pas une dépenſe pour l'Etat de 600 mille livres par an, pour établir ce Commerce, & faire perdre à nos ennemis à perpétuité 5 millions de revenu: enfin dût-on envoyer à nos propres dépens des perſonnes inſtruites chez tous les Peuples, pour leur apprendre l'art des ſalaiſons, nous gagnerions encore aſſez.

M. Colbert en trois années de tems, trouva le secret avec une pareille gratification de 4 liv. par baril, de donner dans nos Colonies l'exclusion aux salaisons qu'y portoient les Hollandois ; il est vrai qu'il accorda des Priviléges particuliers à la nourriture du bétail, & il sera toujours utile de les faire revivre, puisque leur chûte nous coûte annuellement 5 millions.

Voilà donc un nouveau moyen d'augmenter l'interêt de nos Terres dans l'admission des Navires neutres dans nos Colonies ; car il sera certainement porté plus de barils de bœufs de France par les Etrangers pendant la guerre, qu'il n'en pourroit être porté par nos Armateurs seuls.

Le second interêt est celui de nos Ouvriers & de nos Manufacturiers,

Il leur ſera certainement utile que les Etrangers portent leurs ouvrages dans nos Colonies, puiſque le meilleur marché du tranſport en accroîtra la conſommation; mais il leur eſt encore plus important d'empêcher par tous les moyens poſſibles que l'introduction des marchandiſes étrangeres ne ferme l'entrée des Colonies aux nôtres pendant pluſieurs années de paix.

L'interêt des Matelots eſt le troiſieme qui mérite d'être conſideré.

Il eſt important, & la bonne volonté qu'ils marquent dans cette occaſion eſt digne d'être propoſée pour exemple. On aſſure que ceux qui ont ſervi ſur l'Eſcadre de M. le Comte Dugué, demandent à marcher les premiers pour réparer le malheur qu'ils ont eu de ne pas rencontrer les Anglois: en peu de tems ils pourront être ſatisfaits ; mais il s'agit d'examiner ſi nous avons aſſez d'occupation pour eux.

On peut évaluer le nombre des captifs à	6 000 l.
Lorſque toutes les forces navales feront en action, il y aura de l'emploi pour	45 000
Les 60 vaiſſeaux que l'on pourroit expédier pour la Guinée & les Iſles à droiture, à 60 hommes,	3 600
Les Corſaires en employeront au moins	15 000
Le cabotage, la pêche, la navigation du levant, *&c.*	10 400
Nous avons donc de l'emploi pour	80 000

Les avantages que le Roi a bien voulu accorder à la courſe, rendront cette occupation beaucoup plus lucrative aux Matelots, que le ſervice des Vaiſſeaux Marchands; ainſi ils n'auront point occaſion de regretter la diminution du nombre des Armemens du commerce. L'une des plus grandes faveurs qu'on puiſſe deſirer pour les Matelots, ſe borne donc pour le moment actuel, à établir imperturbablement l'obligation aux Commiſſaires des Claſſes d'avoir le tableau de leur département en un lieu apparent, avec l'ordre des marches, afin que chaque Claſſé puiſſe connoître ſi ſon tour ou celui d'un autre eſt arrivé. La navigation marchande forme à la vérité des ſujets: mais cette navigation eſt réduite par elle-même, par la nature des circonſtances; & juſqu'à ce que la protection de nos Eſcadres lui rende l'activité, il eſt probable que le nombre des nouveaux Matelots ne rempla- ceroit pas celui des anciens qui se- roit pris ; c'eſt dans la paix qu'il faut ſonger à former des Matelots par le commerce , au lieu de refuſer de claſſer ceux qui ne ſont pas fils de Matelots, de peur que leur nombre ne ſe multiplie trop : l'heure du com- bat eſt arrivée , tout autre cri doit ceſſer.

Il ne faut pas cependant qu'une Claſſe d'hommes précieux ſouffre : en attendant que les emplois ſe mul- tiplient, ne pourroit-on pas détour- ner en leur faveur 800 mille livres ſur les droits par tonneau que paye- ront les Vaiſſeaux étrangers? car ces Etrangers ne faiſant, comme il eſt probable, aucune difficulté de venir charger les marchandiſes ſeches dans nos Ports, il eſt à croire qu'il ne ſera pas expédié plus de 50 à 60 Vaiſſeaux François, ſoit pour nos Iſles à droiture, ſoit pour la Guinée. Ces 800 mille livres bien réparties; ſerviroient à dédommager huit mille Matelots de leur inaction; & cette gratification les encourageroit tous.

Un expédient plus indiſpenſable & plus ſimple, ſeroit de commencer enfin, dans une occaſion ſemblable, à leur réſerver excluſivement la navigation d'un de nos Ports à l'autre. Pourquoi les Négocians ſur cet article ſi eſſentiel à notre ſûreté, à l'aggrandiſſement de notre Marine, ne forment-ils pas annuellement les plus vives remontrances en faveur de nos Matelots? cette navigation leur appartient de droit naturel, comme notre culture à nos Laboureurs: notre jalouſie ſur cet article ne doit bleſſer perſonne, & ne doit point former d'exception. Quelle douleur pour tous les Citoyens, & pour ces pauvres familles de Matelots oisifs, de voir appeller dans le moment actuel des bâteaux Hollandois pour le transport des sels nécessaires à la Ferme générale ? ses membres dans les réjouissances publiques marient & dotent des filles : pourquoi dans une détresse publique, refusent-ils du pain à des malheureux qui demandent à le gagner ? Renouvellons la politique du Cardinal de Richelieu, qui fit dans les baux des Gabelles une clause principale de l'obligation d'employer nos Matelots.

Le quatrieme interêt à mettre dans la balance est celui des Colonies ; il est évident que le bon marché & l'abondance de l'approvisionnement nécessaire à leur subsistance, & la facilité de faire passer des fonds en Europe à peu de frais, les empêcheront de ressentir les malheurs de la guerre. Elles payeront les Negres un peu plus cher ; mais elles ne pourroient sans ingratitude prétendre à l'exemption totale des maux dont leur Métropole est affligée. Elles ne doivent même pas esperer que cette condescendance dure, lorsqu'une fois le risque des Anglois sera devenu égal au nôtre, & que les forces navales pourront étendre leur protection avec leurs croisieres ; alors les affaires reprenant leur cours naturel, & les assurances baissant, le Commerce rentrera dans ses droits.

Examinons d'ailleurs la nature des liaisons d'une Colonie avec le Commerce de la Métropole ; elles sont fondées sur un besoin réciproque, sur des obligations mutuelles. Le Commerce s'est enrichi avec la Colonie, mais il l'a fondée, entretenue, améliorée. Le Commerce rentrera tôt ou tard dans l'exclusif qui lui appartient; si ce Commerce est dénué de capitaux & languissant, il ne pourra plus fournir à la Colonie les avances suffisantes de Negres, de commodités; les marchandises renchériront, & le produit de la terre s'avilira.

En vain appellera-t-on les interlopes; le motif de l'Etat pour les bannir rigoureusement sera d'autant plus pressant, que les grands bénéfices seuls pourront rétablir son Commerce; le même principe qui l'aura rendu compatissant sur les détresses de l'Habitant, l'armera de sévérité en faveur du Commerce.

Une société indissoluble unit le sort du Commerce & des Colonies : en vain la dissension se mêle parmi les

partiennent néceſſairement à la maſſe générale.

L'interêt bien entendu des Négocians rentre dans ceux que nous venons d'examiner, & paroît ſuffiſamment conſervé dans les conditions & les limitations propoſées, jointes aux autres encouragemens.

L'admiſſion des Etrangers dans nos Colonies offre plus d'une reſſource aux Armateurs intelligens. Je ſerois entré dans ce détail, & dans beaucoup d'autres, ſi la nature des interêts que j'avois à traiter, n'eût exigé beaucoup de circonſpection dans un écrit deſtiné à l'impreſſion. Il n'eſt pas douteux que le Gouvernement auroit égard à tous les cas particuliers qui rentreroient dans ſon eſprit.

Il eſt divers arrangemens à pren-

neutres, aufquels l'ennemi ne peut porter d'obftacle fans violer les droits de la mer & la liberté des Nations; ne peut-on pas leur vendre par exemple, des denrées à prendre, à l'Amérique?

Les créanciers des Colonies gagnent, dans le plan propofé, la facilité d'être payés, celle de faire leurs retours à peu de frais & fans rifque.

Les Pacotilleurs qui ne peuvent gueres en tout tems trafiquer que des marchandifes feches, feront encore à même de continuer leurs affaires, foit en s'affociant avec les Etrangers, foit en chargeant fur leurs Vaiffeaux.

Ceux qui font le Commerce de Guinée confervent dans le plan propofé leur droit exclufif pour la vente des Noirs, & profiteront des Navires étrangers pour leurs retours.

Il n'y a donc de différence dans la position de nos Négocians, que la difficulté d'armer leurs Vaisseaux restans dans le Port ; mais que l'admission des Navires neutres ait lieu ou non, nous avons vû qu'il n'en peut être expédié plus de 120 dans les circonstances actuelles. Je réduis même ce nombre à 50, si les Etrangers viennent charger les marchandises seches dans nos Ports.

C'est un malheur très-grand sans doute que cette inaction de nos vaisseaux, quoiqu'il y ait peut-être des ressources dans la situation actuelle pour en employer un bon nombre : mais un plus grand malheur encore, ce seroit que ces vaisseaux, leur chargement & nos matelots, devinssent la proie d'un ennemi qui ne court pas encore un risque égal au nôtre.

Lorſque l'équilibre ſera une fois rétabli, lorſque les aſſurances ſeront tombées à un prix aſſez modéré, pour que les revenus de l'habitant ſuffiſent à lui aſſurer une ſubſiſtance, à payer les frais de ſon exploitation; alors le Commerce pourra faire valoir ſes droits réels, & vrai-ſemblablement ſes vœux ſeront toujours prévenus par le Miniſtere, auſſi fortement occupé des véritables intérêts de l'Etat, qu'il en eſt inſtruit.

Je n'ai point compté parmi les Négocians, ceux qui ſe ſont flattés d'avoir part aux permiſſions particulieres; parce que leur intérêt eſt auſſi éloigné de celui des autres Négocians, que de celui de l'Etat, qu'ils voudroient ſacrifier à leur avidité.

Mais ce qui me raſſure le plus ſur le fond du projet, c'eſt de voir que de tous les ports les mêmes lettres qui ſe récrient contre l'admiſſion des navires neutres, demandent chacune deux ou trois paſſeports. J'ai vû même des Négocians habiles & conſidérés, former des vœux ſecrets pour la réuſſite d'un plan, contre lequel ils ont ſigné des mémoires. Cette inconſéquence eſt attachée à ce qu'on appelle en France l'eſprit du corps : il eſt honorable d'avoir tort avec lui, comme ſi la vérité n'étoit pas le premier devoir d'un citoyen & d'un honnête homme.

Enfin, je ne me laſſerai point de répéter qu'en enviſageant l'intérêt ſeul du Négociant dans la queſtion actuelle, il lui eſt infiniment plus utile de ſe trouver intéreſſé dans les armemens des Etrangers, que le concurrent des interlopes qui ont envahi depuis ſix mois le commerce de nos

Colonies. On ſe plaint que nos Ports ne trouvent aucun débouché des denrées de l'Amérique; on en rejette la cauſe ſur la ſuſpenſion que le projet a miſe dans les affaires: mais c'eſt mettre peu de bonne foi dans ſes déclamations, ou montrer une grande ignorance de ce qui ſe paſſe dans l'Etranger. Tandis qu'il arrive chaque ſemaine en Hollande à 3 pour cent d'aſſurance des marchandiſes interlopes de nos Colonies, eſpere-t-on vendre en concurrence celles que nous avons reçûes avec une aſſurance de 25 à 30 pour cent, dans un tems où l'on eſpéroit encore un accommodement? Le Commerce a-t-il pû ſe perſuader que les Colonies ne voyant point de vaiſſeaux françois, n'en voudroient point recevoir d'étrangers? & s'il l'a prévû, le même calcul ne devoit-il pas lui indiquer que la denrée de l'Amérique baisseroit nécessairement de prix en Europe ?

D'où viennent tous ces desordres, si ce n'est de l'impuissance du Commerce françois, & de l'activité de nos voisins ? Quel en est le remede, sinon de nous associer au moins à leur activité sous la protection du Gouvernement ?

Je suppose, si l'on veut, que nos Négocians ne trouveront pas à employer leurs capitaux en entier dans cette association : mais sont-ils donc sans ressources ? Qui les empêche d'établir des Factories dans le Nord, en Italie, d'expédier de ces endroits des navires pour nos Colonies, dont ils recevront les retours à droiture, & de fonder ainsi des établissemens dont les suites leur seroient aussi utiles qu'au Commerce général ? Sortons de cette branche, en voici une toute neuve: Lisbonne a besoin de toutes les nations; elle n'entendra pas vraissemblablement assez mal ses intérêts, pour en exclure aucune d'une concurrence qui lui seroit utile. Ce ne sera point un commerce fondé sur le luxe, mais sur des besoins. Dans un desastre public, rarement le Commerce est-il étendu à la faveur des crédits, mais des petits gains, que l'exactitude du payement met le vendeur en état de multiplier. Enfin, quelque fâcheuse que soit la position des Négocians; après les avoir plaint & encouragés, je demanderai toujours si leur intérêt particulier peut balancer l'intérêt genéral.

Je crois avoir démontré que nos ennemis n'ont eu d'autre motif, en foulant aux pieds les loix communes à toutes les nations policées, que celui de faire ſervir nos richeſſes contre nous, d'intercepter nos matelots, & par ce moyen de réduire nos forces maritimes à l'inaction; que continuer notre commerce tant que les circonſtances ſeront les mêmes, c'eſt aller au-devant du coup qu'ils nous ont préparé; que l'admiſſion des navires neutres au commerce de nos Colonies, élude parfaitement leurs projets odieux.

Dans la ſeconde Partie, on a vû que de 120 mille tonneaux de mer employés au commerce de nos Iſles, nous ne ſommes pas en état d'en employer plus de 36 mille; que dans les trois mois de l'année les plus favorables, il n'a été expédié que 46 vaiſſeaux; que dans la derniere guerre où nous en employâmes 260 au commerce de ces Colonies, indépendamment du ſecours d'un grand nombre d'interlopes, & de plus de 500 prifes faites fur les ennemis, elles n'ont pas laiffé d'être abfolument ruinées, & que le Commerce général en a fouffert pendant plufieurs années : enfin qu'il eft impoffible de faire l'approvifionnement de nos Colonies par nous-mêmes d'une maniere conforme à l'intérêt national, qui renferme l'intérêt de nos terres, de nos ouvriers, de nos matelots, de nos Colonies.

Dans la troifieme Partie, il a été clairement expliqué que la voie des interlopes ordinaires & celle des permiffions particulieres, font également infuffifantes & dangereufes; qu'elles foulagent peu l'habitant, fi le nombre des vaiffeaux introduitseft médiocre; qu'elles font abfolument deftructives de l'intérêt de nos terres, de nos fabriques, de nos matelots & de nos Négocians, si le nombre des vaisseaux introduits est fort considérable.

De la quatrieme Partie, il résulte que le projet de l'admission des vaisseaux neutres renferme tous les avantages, en ce qu'il permet de soumettre les Etrangers à des conditions plus favorables au Négociant, & à des restrictions essentielles à la conservation de nos Manufactures : qu'il est absolument indispensable d'interdire aux navires neutres le commerce des marchandises seches ; à moins qu'ils ne viennent les charger dans nos ports, de peur qu'ils ne les tirent de chez nos ennemis, & qu'ils n'en forment des magasins qui priveroient la métropole du produit de ses Colonies pendant plusieurs années après la paix : que par le même principe le commerce des Negres dans nos Colonies, excepté la Louisiane, paroît devoir rester exclusivement à nos Négocians: que l'admission des Navires neutres procurera à nos terres, à nos manufactures, un plus grand débouché de leurs productions dans nos Colonies: que nos matelots ne manquent point d'emplois; qu'il est divers moyens de venir à leur secours: que les Négocians auront la faculté de prendre intérêt dans les vaisseaux neutres, & même que les Etrangers ne peuvent se dispenser par intérêt de les y admettre: que les passeports pouvant toujours être refusés, dès que le besoin actuel sera passé, les intérêts & le droit exclusif du commerce dans les Colonies sont conservés en leur entier: enfin que le plan de l'admission des navires neutres paroît combiné sur l'intérêt du Commerce général, sur celui des Colonies, & ſur l'intérêt bien entendu des Négocians.

J'obſerverai cependant qu'il paroît utile de trouver le moyen de faire arriver de préférence dans nos ports les denrées de nos Colonies : ſans cette précaution, le Royaume pourroit ſe trouver dépourvû de celles qui ſont néceſſaires à l'entretien de ſes manufactures, à ſa conſommation, & obligé dès-lors de les faire revenir de l'Etranger à plus grands frais. Il s'agit uniquement de traiter mieux, ſoit pour les droits, ſoit pour l'évaluation ſur laquelle les droits ſeront perçûs, les navires qui feront leur retour dans nos ports, de maniere qu'ils y trouvent une compenſation à ce qu'il leur en coûtera de plus.

BIBLIOTHEQUE ROYALE

www.ingramcontent.com/pod-product-compliance
Ingram Content Group UK Ltd.
Pitfield, Milton Keynes, MK11 3LW, UK
UKHW031923260826
14628UKWH00003B/1376

9 782016 192184